Evitar las drogas

por Patricia J. Murphy

Consultoras para la serie: la Dra. Sonja Green, médica, y
la Dra. Ann Nolte, distinguida profesora emérita,
Departamento de Ciencias de la Salud, Universidad Estatal de Illinois

ediciones Lerner • Minneapolis

Este libro está dedicado a mis sobrinos, Erik (alias Alejo), y mi sobrina Olivia

La autora desea expresar su agradecimiento a Mathea Falco, presidenta de Drug Strategies; Dominic Cappello; Robert Schwebel, PhD; y Joel Spivak y Daniel E. McGoldrick de La Campaña para Niños Libres de Tabaco (*Campaign for Tobacco-Free Kids*); así como también a tantos otros por su ayuda en las investigaciones para este libro. Así mismo la autora desea agradecer a su editora, Catherine Creswell, su entusiasmo y apoyo en este proyecto.

Traducción al español por Julia Cisneros Fitzpatrick y Bárbara L. Aguirre

ediciones Lerner
Una división de Lerner Publishing Group
241 First Avenue North
Minneapolis, MN 55401 EUA

Dirección de Internet: www.lernerbooks.com

Las palabras en **negrita** se explican en un glosario en la página 31.

Library of Congress Cataloging-in-Publication Data
Murphy, Patricia J., 1963–
    [Avoiding drugs Spanish]
    Evitar las drogas / por Patricia J. Murphy.
      p. cm. — (Libros para avanzar)
    ISBN-13: 978–0–8225–3172–2 (lib. bdg. : alk. paper)
    ISBN-10: 0–8225–3172–0 (lib. bdg. : alk. paper)
    1. Drugs—Juvenile literature. 2. Drug abuse—Juvenile literature.
   3. Drugs of abuse—Juvenile literature. I. Title. II. Series.
    RM301.17.M8718 2006
    362.29–dc22   2005016258

Fabricado en los Estados Unidos de América
1 2 3 4 5 6 – JR – 11 10 09 08 07 06

Olivia tiene mucha tos. Su padre le da
medicina para la tos.

La medicina de Olivia es un **medicamento de venta libre.** Le ayudará a Olivia a dejar de toser.

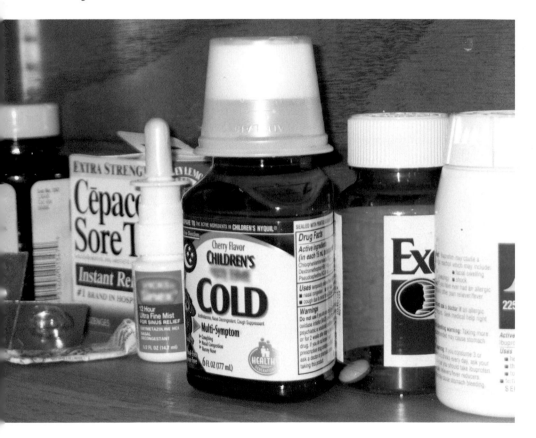

Su padre lo compra en una tienda.
¿Qué medicamentos de venta libre
se pueden encontrar en la tienda?

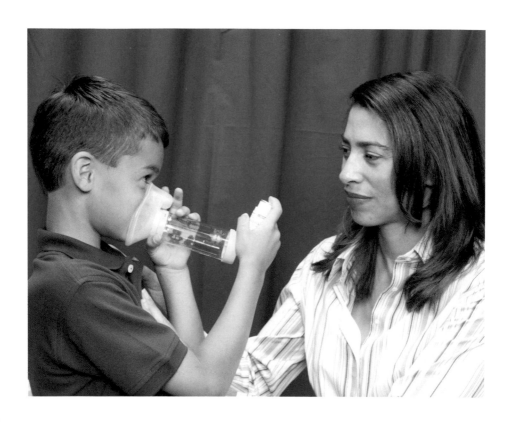

Alejo tiene **asma.** Su madre le da
medicina para el asma. La medicina de
Alejo es una droga bajo **receta médica.**
Le ayudará cuando le cueste respirar.

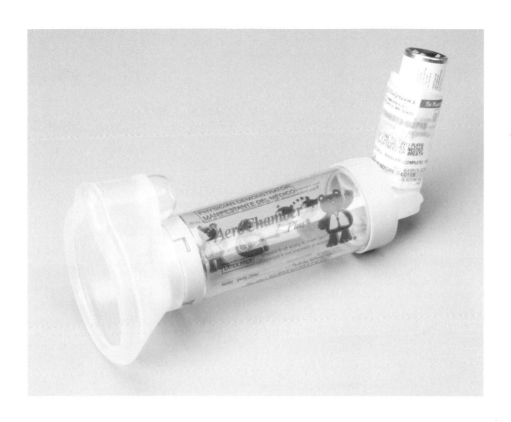

El médico de Alejo le receta la medicina.
Es sólo para Alejo. Su madre la compra
en la tienda, en el mostrador donde se
venden las medicinas recetadas.

Olivia y Alejo sólo toman la medicina que les dan sus padres o los médicos. Sus padres leen las instrucciones y las siguen.

La cantidad correcta de la medicina los puede ayudar a ponerse bien. ¡La cantidad incorrecta o la medicina equivocada pudiera hacerles daño!

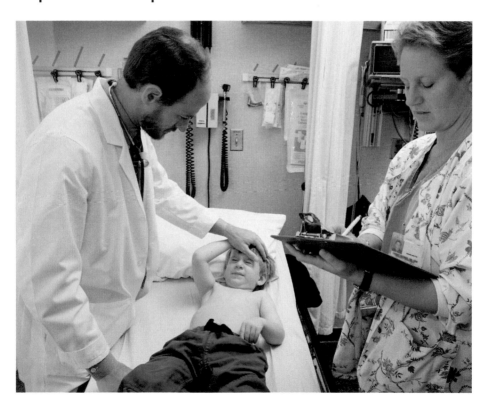

Las medicinas y las vitaminas son drogas. Las drogas te cambian el modo en que funciona tu cuerpo.

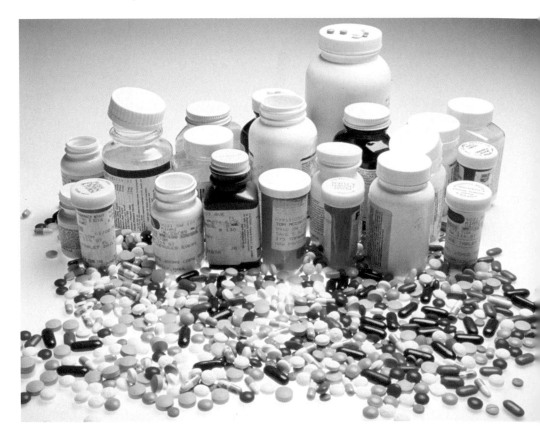

Hay drogas que te ayudan a estar
saludable. Otras te ayudan cuando
estás enfermo. Estas drogas se llaman
drogas medicinales.

Hay drogas que no te ayudan a estar saludable. Hasta pudieran hacerle daño a tu cuerpo o enfermarte. Estas drogas se llaman **drogas no medicinales.**

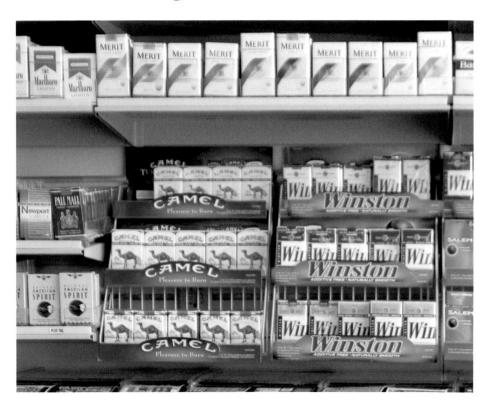

El **alcohol** y la **nicotina** son drogas no medicinales. Pueden ser dañinas para el cuerpo. Pudieran causar enfermedades y hasta la muerte.

Hay personas
que **usan mal**
estas drogas u
otras. Puede
que usen drogas
cuando están
tristes, solos, o
aburridos.

Esperan que las drogas cambien lo que sienten. Pero a menudo las drogas los ponen muy mal. ¡A veces no pueden dejar de usar las drogas!

La abuela de Tomasito fuma cigarrillos.
Casi siempre está tosiendo. También
tiene dificultad al respirar.

Tomasito se
pregunta por
qué ella fuma.
¿Tú sabes por
qué?

Los cigarrillos contienen **tabaco.** El tabaco contiene nicotina. Por eso a las personas se les hace difícil dejar de fumar.

El tabaco
puede causar
cáncer del
pulmón y otras
enfermedades.

En las fiestas, la tía de Susi siempre anda con una copa en la mano. Habla muy alto y hace tonterías. A veces se cae al suelo.

¿Por qué crees
tú que la tía de
Susi se porta
así?

Su tía toma demasiado alcohol. Las bebidas como la cerveza y el vino contienen alcohol. El alcohol cambia el modo de sentirse y de comportarse la gente.

Tomar demasiado alcohol pone triste a
algunos. A otros los pone enojados. Con
el tiempo, beber demasiado alcohol puede
hacer daño al cuerpo y a la mente.

La mayoría de los adultos pueden beber alcohol y dejar de hacerlo. Otros, como la tía de Susi, no pueden parar. ¡Necesitan ayuda!

Los que beben alcohol y manejan un auto pueden hacerse daño o matarse, o hacérselo a los demás. Manejar después de haber bebido va en contra de la ley.

A todos nos toca ser inteligentes en cuestiones de drogas. Olivia y Alejo toman solamente los medicamentos que les dan sus padres y los médicos.

Olivia y Alejo no tienen nada que ver con las drogas no medicinales. ¡Tú puedes hacer lo mismo!

Lo que he aprendido

- Sólo toma la medicina que te den tus padres, un adulto de confianza o tu médico.

- La medicina equivocada o la cantidad incorrecta puede hacerte daño.

- Hay drogas que no son medicinas. No te ayudan a estar saludable. La nicotina y el alcohol son de este tipo de droga.

- Dejar de fumar es muy difícil por causa de la nicotina.

- El alcohol puede hacer que las personas se sientan y se comporten de una manera diferente. Para algunas personas es muy difícil dejar de tomarlo.

- Hay quienes usan mal las drogas cuando se sienten mal. A veces no pueden dejar de usarlas.

- Manejar después de beber alcohol va en contra de la ley.

Ten un plan para estar libre de drogas

Puede que un amigo te pida que pruebes las drogas. Aprende a decir que no. Practica estas líneas con alguien.

1era persona: ¿Quieres fumar?
2nda persona: ¡Ni modo! Prefiero poder respirar.

1era persona: Prueba esta droga. Te va a hacer sentir fantástico.
2nda persona: Estoy muy bien como me siento. ¡Las drogas nada más te hacen sentir mal!

1era persona: ¡Anda! Tómate un trago. Te hará hacer tonterías.
2nda persona: ¡No, gracias! Me gusta ser tal como soy.

1era persona: Prueba esta droga. ¡Todo el mundo lo hace!
2nda persona: No, no todo el mundo—porque yo NO lo hago.

1era persona: Si fueras mi amigo/a, usarías esta droga conmigo.
2nda persona: ¡Si sigues usando drogas no puedo ser tu amigo/a!

Libros y sitios web

Libros

Bryant-Mole, Karen, *Talking about Drugs.* Austin, TX: Raintree Steck-Vaughn Publishers, 2000.

MacGregor, Cynthia. *Refuse to Use.* New York: Rosen Publishing Group, 2003.

Murphy, Patricia J. *Staying Happy:* Lerner Publications Company, 2006.

Westcott, Patsy. *Why Do People Take Drugs?* Austin, TX: Raintree Steck-Vaughn Publishers, 2001.

Sitios Web

KidsHealth
  http://www.kidshealth.org/kids

Resources for Parents and Teachers, American Council for Drug Education
  http://www.acde.org/youth

Can We Talk?
  http://www.canwetalk.org

National Institute on Drug Abuse, National Institute of Health
  http://www.nida.nih.gov

Glosario

alcohol: un líquido que se encuentra en las bebidas como el vino o la cerveza

asma: una condición que puede causar dificultad en respirar

drogas medicinales: drogas que pueden mantener sano el cuerpo o tratar una enfermedad

drogas no medicinales: drogas que afectan el cuerpo pero que no sirven para tratar una enfermedad.

medicamento de venta libre: una droga que se puede comprar sin la receta de un médico

medicina: una droga que se usa para tratar una enfermedad

nicotina: una droga que el tabaco contiene y que se encuentra en los cigarrillos, los tabacos, y el tabaco de mascar

receta médica: la orden escrita por un médico para una droga

tabaco: las hojas de la planta de tabaco que se usan para fumar o mascar

usar mal: usar una cosa de una manera que no se debe

Índice